Über uns hinauswachsen
sollten wir erst,
wenn wir tief genug in uns
verwurzelt sind.

Ernst Festl

Impressum

Bibliografische Information der Deutschen Nationalbibliothek: Die Deutsche Nationalbibliothek verzeichnet diese Publikation in der Deutschen Nationalbibliografie; detaillierte bibliografische Daten sind im Internet über http://dnb.dnb.de abrufbar.

Internet: www.sensibel-beraten.de
E-Mail: info@sensibel-beraten.de

Umschlaggestaltung: Cordula Roemer
Titelbild : pixabay.com
Korrektorat: Julia Piney

Herstellung und Verlag: BoD – Books on Demand, Norderstedt

ISBN: 978-3756-8182-11

kurzBUCH

Die E-Book Reihe von *sensibel beraten*

Mit diesem neuen Format möchte ich speziellen Themenge-
bieten, aus meiner Sicht relevanten Informationen und hypo-
thetischen Gedankengängen aus dem Feld der Hochsensibilität und Hochbegabung ein neues Zuhause geben.

Es muss nicht immer ein dickes Buch, ein schwergewichtiges
Standardwerk oder eine langwierige Abhandlung mit fünfzehn
Kapiteln sein. Bei der Erstellung meiner Video-Reihe *Hoch-
sensibilität und Hochbegabung erklärt* begann ich, den
Charme kurzer Präsentationen zu schätzen.

Zwar wehrt sich meine Neigung, möglichst viel Information
unterzubringen gegen die begrenzte Form einer solchen
Darreichung, aber gleichzeitig kommt Erleichterung auf. Denn
ein so komplexes Thema wie Hochsensibilität oder Hochbegabung zu beschreiben birgt immer die Gefahr, sich zu ver-
zetteln und unbedingt noch jenen oder diesen Ast wachsen
zu lassen, in der Hoffnung, nun alles Wichtige in möglichst
wenigen Seiten komprimiert zu haben.

Loslassen ist in den heutigen Tagen eine wertvolle Fähigkeit.
Nun übe ich mich darin und freue mich, wenn dennoch genü-
gend und genau jene Informationen zu Dir kommen, die Du
im Moment für Deinen Weg gut gebrauchen kannst.

Cordula Roemer

Cordula Roemer

BIN ICH WIRKLICH HOCHSENSIBEL?

20 Unterschiede zwischen
Trauma und Hochsensibilität

Inhaltsverzeichnis

Danksagung

DANKE ist ein so wertvolles Wort und es wird viel zu selten gesagt. Daher finde ich das Ritual der Danksagung in der Literatur so schön. Ich werde wieder daran erinnert, wem ich danken möchte, weil sie oder er mich auf dem Weg in einem kurzen Moment oder in einer längeren Begleitung unterstützt hat.

Besonders lange habt ihr alle, ihr Hochsensiblen – manche von der ersten Stunde an – mich mit eurem Dasein, euren Fragen, eurer Offenheit und eurem Teilen begleitet. Ohne euch hätte ich nicht ein einziges Buch schreiben, hätte nicht so unglaublich viel über die Feinfühligkeit erfahren und entdecken, und hätte auch nicht meine Freude und meine Berufung finden können. Euch danke ich von ganzem und tiefstem Herzen.

Meine sommerlichen Motivations-Mentoren waren Patryk Goldmann, Anja Deppe und Elisabeth Mänzel. Auf unterschiedliche Weise holten sie mich aus meiner Schreibblockade und stärkten mein Selbstvertrauen. Ein unschätzbares Geschenk!

Auch gebührt Julia Piney wahrlich großer Dank, da sie in einer Nacht ohne Nebel (nun, es war eher ein langer Abend) im Korrektorat den Fehlerteufeln den Garaus machte.

Nicht nur Menschen tragen zu einem Buch bei. Gerade unsere Haustiere sind wertvolle Begleiter und Unterstützer. Meine beiden Fellnasen trugen ihrerseits zu meinem Schreibfluss bei, indem sie sich bei Hitze und Sonnenschein lieber unter fremden Büschen verkrochen und mich nicht mit ihrem ausdauernden Wunsch nach Streicheleinheiten ablenkten. Den bekamen sie später erfüllt.

Ich danke euch allen!

Bin ich wirklich hochsensibel?

Einleitung

Fragst du dich, ob du hochsensibel bist? Oder ob du doch eher mit den Gespenstern eines Traumas aus Kindertagen kämpfst? Oder gar beides? Dann bist du mit dieser Frage nicht allein. Viele, sowohl Betroffene als auch Fachkräfte fragen sich dies gleichermaßen und suchen nach klärenden Antworten.

Mit diesem Buch möchte ich einige überlappende Phänomene zwischen Trauma und Feinfühligkeit etwas genauer betrachten. Aus meiner Sicht ist die Frage, was ist was, zwar nicht so einfach zu beantworten, da sich hier zwei sehr komplexe Themenfelder miteinander verschränken und es schnell zu Verwechslungen kommt. Aber dennoch gibt es für die achtsame Beobachterin und den kritischen Beobachter verschiedene Hinweise auf Unterschiede zwischen Trauma und Hochsensibilität.

Wenn du neu in diesem Thema bist, ist es ergänzend hilfreich, das Buch „Zart besaitet" von Georg Parlow oder „Sind Sie hochsensibel?" von Elane N. Aron zu lesen. Beides sind Standardwerke auf ihrem Gebiet und sehr informative Sachbücher. Sie geben dir einen guten Gesamteindruck über diese Veranlagung an sich und zeigen die entsprechenden Merkmale, Bedürfnisse und Gaben dieser Disposition auf.

Warum ist es sinnvoll, sich zusätzlich mit den Spezifikationen der Veranlagung zu befassen? Erst wenn du weißt, welche Merkmale einer Hochsensibilität zu eigen sind, kannst du einschätzen, ob die dich belastenden Herausforderungen veranlagungsbedingt sind oder nicht. Sind sie es *nicht*, wie beispielsweise eine auffällige Aggressivität oder eine geringe Empathie, dann spricht dies vielmehr für Folgen einer Traumatisierung, als für einen Hochsensibilität.

Noch ein Wort zur Begrifflichkeit Trauma. Häufig wird Trauma im Zusammenhang eines Schocktraumas, also eines plötzlichen, verletzenden Ereignisses genannt. Die zweite Traumaform ist das sogenannte Entwicklungstrauma, welches durch wiederholende belastende Erfahrungen entsteht. Wenn ich in diesem Buch von Trauma spreche, meine damit ich das Entwicklungstrauma.

Da diese Art von Trauma in der Regel im frühen Kindesalter entstehen, beziehe ich mich in meinen Erläuterungen immer wieder auf Kindheitserfahrungen als Auslöser für seelische Belastungen. Die Auswirkungen sind jedoch meist im Erwachsenenalter zu spüren und sorgen für die aktuellen Herausforderungen deines Lebens.

Wie kannst du vorgehen? Lese dir alle Merkmale in Ruhe durch. Schaue, welche sprechen dich in welcher Weise an und wie stehen sie aus deiner Sicht mit einer möglichen Traumatisierung, mit einer möglichen Hochsensibilität oder doch mit beidem gleichermaßen in Verbindung. Wundere dich nicht, wenn manche der Merkmale auf beide Themen zutreffen. Im Weiteren beschreibe ich die dennoch vorhandenen Unterschiede.

Da dies ein sehr komplexes Feld ist, sei auch nicht besorgt, wenn sich diese Frage nicht schnell oder einfach beantworten lässt. Möchtest du diesen Weg nicht alleine gehen, gönne dir die professionelle Unterstützung einer Therapie, eines Coachings oder einer klärenden Beratung. Falls du lieber über das Lesen zu dir findest, kannst du gerne am Ende dieses Buches in meinen Literaturtipps stöbern. Auch Seminare oder HSP[1]-Treffen/-Stammtische können dir an diesem Punkt möglicherweise weiterhelfen. Beachte jedoch bitte, dass Treffen und Stammtische *keine* coachende oder therapeutische Funktionen haben.

Wer ein Buch, einen Artikel, Blog oder ähnliches schreibt, setzt sich heutzutage immer auch mit der Genderfrage auseinander. Um den Lesefluss nicht zu irritieren, habe ich mich für die gewohnte männliche Schreibweise entschieden. Manchmal nutze ich auch beide Pronomen, spreche damit aber stets beide Geschlechter an.

Auch schreibe ich dich in diesem Buch mit dem persönlichen „Du" an. In meinem Empfinden verringert das Du mögliche Autoritätsschwellen und öffnet zugleich einen Raum, um mich auf Augenhöhe und authentisch mitzuteilen. Ich freue mich, wenn du diese Sicht annehmen und die Inhalte des Buches auf deine Weise für dich nutzen magst.

---

[1] HSP = **H**ighly **S**ensitiv **P**erson nach Elaine Aron

Woher kommt die Traumatisierung?

Inzwischen ist der Begriff der Traumatisierung in das Wissen der Allgemeinheit eingeflossen. Allerdings kursieren, wie auch zum Thema Hochsensibilität, Halbwahrheiten oder Vermutungen im Internet oder in Artikeln, die dann leider zu Missverständnissen und Verwirrung führen.

Um diesen Verwirrungen entgegenzuwirken habe ich in dem dir vorliegenden Buch 20 typische Merkmale zusammengetragen, die bei traumatisierten Menschen auftreten, sich jedoch auch bei Hochsensiblen zeigen können. Besonders interessant sind natürlich jene Merkmale, die nicht gut zur Hochsensibilität passen, denn:

Die Disposition einer Hochsensibilität ist an sich kein Trauma auslösender Umstand; sie führt nicht automatisch zu einer Traumatisierung!
Es sind stets die unpassenden Bedingungen des Umfelds, die zu emotional-psychischen Verletzungen führen, die ihrerseits wiederum zu Traumatisierungen werden können.

Hier ist neben der Selbsteinschätzung ein geübter Blick hilfreich, um mögliche Ursachenunterschiede zu erkennen.[2]

Bei Hochsensiblen können Entwicklungstraumata durch dreierlei Belastungsarten entstehen:

---

[2] Aron (2010)

1) durch psychische, emotionale oder körperliche Verletzungen, Missbrauch oder Misshandlungen, wie bei vielen anderen Menschen auch
2) bewusstes oder unbewusstes Ignorieren der Veranlagung seitens des Umfeldes
3) sensorische Traumatisierung

Exkurs: Das sensorische Trauma

Da der Begriff der sensorischen Traumatisierung noch nicht so geläufig ist, möchte ich hier kurz darauf eingehen. Von einem Entwicklungstrauma spricht die Psychologie, wenn verletzende Erfahrungen unbewältigt länger als ein halbes Jahr wiederholt auftreten. Wird ein Kind vernachlässigt oder lächerlich gemacht, kann es das in der Regel weder unterbinden, abwehren oder gar konstruktiv verarbeiten. Somit bleibt die Belastung bestehen und das neuronale System speichert dies als unbewältigte, und somit nach wie vor existierende Gefahr, selbst Jahrzehnte später.

Erfährt ein hochsensibles Kind immer wieder sensorische Überreizungen, so bedeutet das, dass auch hierbei das menschliche System überstrapaziert und verletzt wird. Das Kind kann sich der vielen Reize nicht erwehren, die Eltern verstehen vielleicht den Kummer des Kindes nicht und somit nimmt das Trauma seinen Lauf. Ich gehe davon aus, dass die sensorische Übererregbarkeit Hochsensibler auch zu einem Teil diesem Phänomen zu schulden ist.

Sobald diese Brisanz in Beratung, Coaching und Therapie bekannt ist und in der Behandlung in adäquater Weise berücksichtigt wird, zum Beispiel in Form von bewusst reizarmen Settings oder sensori-

schen Auszeiten zur Erholung des feinfühligen Systems, könnte die Reizempfindlichkeit vieler hochsensibler Menschen wieder auf ein gesundes Maß reduziert werden. Nicht ohne Grund wünschen sich viele Feinfühlige genau das in allen Bereichen, in denen sie aktiv sind, aber die sensorische Gestaltung nicht selbst steuern können.

Woran kannst du die verborgene Unterschiedlichkeit erkennen, wenn die traumatisierende Belastung – trotz unterschiedlicher Auslöser – die gleichen Schutzmuster entwickelt? Dazu ein Beispiel: Ein normalsensibles Kind lebt in einem narzisstischen Elternhaus. Tenor ist hier die Herabwürdigung des Kindes. Dies verletzt mehrere existenzielle Beziehungsbedürfnisse[3]:

- Vergewisserung: Das Kind braucht ein kontinuierliches Feedback und beständige Beziehungen. Narzisstische Menschen neigen jedoch zu Schwankungen in der Beziehung zwischen Zuspruch und Ablehnung ihres Gegenüber (Zuckerbrot und Peitsche).

- Bestätigung: Das Kind braucht es, dass man ihm glaubt und seine Gefühle und Bedürfnisse adäquat gesehen und gespiegelt werden. Narzisstische Menschen können ihr Gegenüber nicht „korrekt" spiegeln, da dies bedeuten würde, die Belange des Gegenübers als gleichwertig zu behandeln. Das steht jedoch konträr zum eigenen Bedürfnis der Selbsterhöhung.

---

[3] Nach der Stressbewältigungsmethode ROMPC® sind Beziehungsbedürfnisse existenzielle Grundbedürfnisse im sozialen Miteinander, deren Erfüllung der heranwachsende Mensch benötigt, um eine stabile Identität zu entwickeln.

- Einfluss: Das Kind möchte etwas bewirken und braucht es, dass sich sein Gegenüber von dem, was es tut oder sagt, betreffen, berühren lässt. Das kann ein narzisstisch geprägter Mensch nicht zulassen, da er dadurch unter Umständen – in seinem Empfinden – die Kontrolle über die Situation oder sein Gegenüber verliert.
- Etwas geben: Das Kind braucht es, dass andere annehmen, was es zu geben hat, wie beispielsweise das Sandeis im Kleinkindalter oder die Gemälde oder Gedichte in späteren Jahren. Dies kann für einen narzisstischen Menschen schwierig sein, da er damit dem Kind einen Handlungsspielraum zubilligen würde, der ebenfalls die Kontrolle über Situation und Kind schmälern könnte (ähnlich wie bei dem Punkt *Einfluss*).

> Sich wiederholende Überschreitungen beziehungsweise Vernachlässigungen der Bedürfniserfüllung führen zu einer Traumatisierung.

Im nächsten Beispiel wächst das hochsensible Kind in einer durchschnittlichen Familie auf, die jedoch leider von Hochsensibilität nichts weiß und die „sonderbaren" Bedürfnisse (Reizüberflutung, Bedürfnis nach Rückzug, Ausdruck besonderer Interessen oder Gaben) nicht erkennen oder anerkennen kann. Ergo fühlt sich das Kind nicht gesehen, wertgeschätzt und kann seine besonderen Gaben nicht ausdrücken. Auch hier könnten die bereits genannten Beziehungsbedürfnisse verletzt werden:

- Vergewisserung: Das Kind erhält kein positives Feedback auf sein hochsensibles Wesen und seine entsprechenden Bedürfnisse. Dadurch kann die Beziehung (Bindung) unsicher werden.

- Bestätigung: Dem Kind werden seine Mitteilungen über seine besonderen Wahrnehmungen nicht geglaubt, seine Bedürfnisse werden nicht ernst genommen. Dadurch kann die Identitätsbildung leiden, da grundlegende Wesenszüge nicht positiv gespiegelt oder in Frage gestellt werden.
- Einfluss: Hochsensibilität ist eine sehr komplexe und kreative Veranlagung. Der Wunsch, die inneren Gaben zu zeigen, ist von Anfang an groß. Wird diese Einflussnahme unterbunden, kann es zu Verletzungen im Bereich des Einfluss' sowie zu Rückzug und Abspaltung der Bedürfnisse und Gaben kommen (bei massiver Missachtung der Bedürfnisse des Kindes).
- Etwas geben: Ähnlich wie im vorangegangenen Punkt möchte der hochsensible Mensch seine Gaben teilen. Wird dies nicht angenommen, führt dies zu seelischer Verletzungen und Rückzug.

Du siehst, obwohl beide Kinder sowohl eine unterschiedliche Grunddisposition als auch eine unterschiedliche Familiensituation haben, werden die gleichen Beziehungsbedürfnisse verletzt. Beide reagieren später im Erwachsenenalter gleichermaßen auf eben diese verletzten Bedürfnisse. Der Hintergrund einer unerkannten Hochsensibilität wird dabei im Zweifelsfall nicht sichtbar – die Veranlagung bleibt verborgen.

Unterschiedliche Ursachen – gleiche Auswirkungen

Warum ist es wichtig, den Unterschied zwischen „nur traumatisiert", „hochsensibel" und „hochsensibel plus traumatisiert" zu kennen? Weil sich das Eingehen auf eine vorliegende Veranlagung oder auf mögliche Traumafolgestörungen völlig unterschiedlich gestaltet.

Handelt es sich beispielsweise um die typisch hochsensible Neigung zum Rückzug, hilft eine tiefenpsychologische Aufarbeitung zum Zwecke der Aufarbeitung verletzter Beziehungserfahrungen unter Umständen wenig. Hier würde die Berücksichtigung des Bedürfnisses und die Schaffung passender Rückzugsräume und –zeiten helfen. Neigt ein normalsensibler Mensch aufgrund seiner traumatischen Erfahrungen zu Rückzug und Isolation, wird der Blick in die Tiefen des Wesens weniger erfolgreich sein, als der Blick in die erfahrenen Verletzungen.

Stell dir vor, du hast Probleme mit deiner inneren Unruhe. Auf der Suche nach den Ursachen entdeckt Therapeut A eine Traumatisierung, bei der du in einer unsicheren Beziehungssituation aufgewachsen bist. Er schlägt richtigerweise eine tiefenpsychologische Behandlung vor, um den frühen Schmerz darüber zu verarbeiten. Eine Hochsensibilität wird dabei nicht zwingend sichtbar.

Therapeut B diagnostiziert jedoch fehlende Ausdrucksmöglichkeiten einer unerkannten Hochsensibilität. Sollte er ebenfalls hierfür eine tiefenpsychologische Behandlung zur Linderung des Kindheitstraumas in Erwägung ziehen? Möglicherweise nicht. Denn in diesem Falle sollte deine unentdeckte oder blockierte Hochsensibilität endlich Raum bekommen, sich zu entfalten. Dadurch kann zum Aus-Druck kommen, was viele Jahre im Verborgenen ausharrte. Durch das Aufdecken deiner Veranlagung kommt dein Inneres wieder ins Lot und Probleme, die durch die Blockierung entstanden, können sich nun allmählich auflösen. Die möglicherweise parallel entstandenen psychischen Verletzungen sollten in der Behandlung oder Begleitung ebenfalls berücksichtigt werden. Allerdings reduzieren diese sich, laut E. Aron[4] durch die Berücksichtigung der Veranlagung bereits deutlich.

In der Begleitung von traumatisierten und möglicherweise zusätzlich hochsensiblen Menschen ist eine differenzierte Betrachtungsweise daher notwendig.

---

[4] Aron (2010)

20 Merkmale

Im nun folgenden Kapitel erläutere ich die 20 Merkmale, anhand derer du einen Eindruck darüber gewinnen kannst, ob du eine Hochsensibilität in dir trägst oder nicht.

Wie in allen Selbsttests spielen hier selbstverständlich auch die eigenen Filter der Selbstbetrachtung mit hinein. Sei daher nicht zu streng mit dir. Es geht vorerst darum, einen Eindruck zu gewinnen. Die Impulse zur Selbstreflexion, die diese Merkmale und das Buch dir geben können, sind jedoch vorrangig eine Anregung, dich immer näher an deinen Wesenskern bringt.

Ich weise an dieser Stelle nochmals darauf hin, dass die Veranlagung einer Hochsensibilität als solche kein Trauma auslösender Umstand ist. Es sind die unpassenden Rahmenbedingungen! Da diese Rahmenbedingungen jedoch bereits seit sehr vielen Jahrzehnten unpassend sind, sind auch viele Hochsensible, auch generationsübergreifend, traumatisiert. [5]

Wie kannst du für dich diese Merkmale interpretieren? Keines der Merkmale trifft zu hundert Prozent nur auf Hochsensible oder nur auf Normalsensible zu. Sobald eine Traumatisierung vorliegt, reagiert die Psyche mit ähnlichen Mustern auf die verletzen Bedürfnisse, unabhängig davon, ob eine Veranlagung vorliegt oder nicht. Wie gut eine verletzende Erfahrung zum damaligen Zeitpunkt bewältigt wurde obliegt zu großen Teilen der bereits aufgebauten Resilienz. Es hängt also auch davon ab, wie viel psychische Widerstandskraft du in deinem Leben bereits entwickeln konntest.

---

[5] Aron (2010)

Das bedeutet, dass die traumabedingten Merkmale tendenziell sowohl bei Normalsensiblen und Hochsensiblen sichtbar werden können, jedoch auf unterschiedliche erfahrene Defizite hinweisen und in ihrer Intensität und Durchgängigkeit variieren. Daher bedarf es eines genauen und erfahrenen Blicks auf diese Nuancen.

Die Merkmale sind fließend folgendermaßen gestaffelt:

- Jene Anzeichen, die tendenziell eher einem Trauma entspringen und in ihrer Art ursprünglich nicht zu einer Hochsensibilität passen. Leidet der betroffene Feinfühlige jedoch zudem auch unter einem Trauma, können diese Merkmale natürlich auch bei Hochsensiblen auftreten.

- Jene Anzeichen, die gleichermaßen zu beiden Gruppen passen, und auch Teil typisch hochsensibler Anzeichen sein können.

- Jene Anzeichen, die typisch für Hochsensibilität sind, sich durch eine seelische Belastung verstärken können, jedoch nicht typisch für eine Normalsensibilität sind.

Anhand dieser und weiterer klassisch hochsensibler Merkmale, die durch eine seelische Belastung ihre Eindeutigkeit *nicht* verlieren – wie beispielsweise der Gerechtigkeitssinn, die Neigung zu Sinnhaftigkeit und Tiefgang, oder die Haltung, erst zu beobachten und dann erst zu handeln[6] –, kannst du einen Eindruck gewinnen, ob du mit einer Hochsensibilität ausgestattet bist oder nicht.

---

[6] Parlow (2003)

Nun wünsche ich dir viele, dich (be)stärkende und klä-
rende Erkenntnisse für deinen Weg.

1. Überwachsamkeit

➢ Eine Überwachheit bedeutet, in jeder Minute möglichst viel wahrzunehmen. Dies ist ein klassisches Merkmal einer Traumatisierung, bei dem die Psyche des Menschen versucht, Gefahrenquellen möglichst schnell ausfindig zu machen, um sich davor rechtzeitig zu schützen. Diese Art der Überwachheit ist mit Ängsten verbunden: Angst vor Misshandlung, Angst vor Strafe, Angst vor Verletzungen jeglicher Art und vor allem die Angst vor dem gleichen Unbill, welches schon so häufig erlebt wurde. Es ist eine Art „Hab-acht-Stellung".

➢ Auch Hochsensible sind sehr wahrnehmungsbetont. Dies entsteht ursprünglich jedoch nicht aus der Notwendigkeit, Gefahr zu vermeiden, sondern aus dem Bedürfnis, mehr Informationen zur Verfügung zu haben. Daher zeigt sich diese Überwachsamkeit ursprünglich eher in einer neugierigen Dynamik. Sollte der feinfühlige Mensch aber zusätzlich traumatisiert sein, so verstärkt sich die Überwachheit und kann durch die Verbindung mit von Angst geprägten Überwachheit als sogenannte Hypervigilität sehr ausgeprägte Züge annehmen.

➢ Kannst du bei dir eine Überwachheit in Verbindung mit Stress oder Ängsten spüren, resultiert dies möglicherweise aus einer Traumatisierung. Jedoch kann dennoch eine Hochsensibilität vorliegen, falls du weitere typische Hochsensibilitäts-Merkmale bei dir beobachtest. Möchtest du das Phänomen der Überwachsamkeit genauer verstehen, findest du weitere Informationen in der Literatur zum Thema der Scanner[7] und den Hochfrequenten Menschen.[8]

2. Kindliches Verhalten bei Erwachsenen

➢ Dies tritt auf, wenn beim traumatisierten Erwachsenen seine alte Verletzung aktiviert, also angetriggert wird und er in die entsprechend kindlichen Verhaltensweisen rutscht. Es ist der unbewusste Versuch, mit Hilfe des alten kindlichen Verhaltensmusters auch heute noch auf die vermeintlich aktive Verletzung zu reagieren.

➢ Hochsensiblen Menschen kann dies natürlich bei entsprechend starker Traumatisierung auch passieren. Aber meist schimmert ihre Ernsthaftigkeit und Komplexität durch. Die Komplexität zeigt sich beispielsweise gerne in den nicht verletzten Anteilen, ein kindliches Verhalten in den verletzten Bereichen.

➢ Normalsensible zeigen ein kindliches Verhalten ebenfalls nur in den psychisch verletzten Aspekten, eine auffällige Komplexität in den unverletzten Lebensfeldern ist aber ansonsten nicht typisch.

3. Freude an Konkurrenz und Wettkampf

➢ Konkurrenzverhalten ist gewöhnlich nicht die Auswirkung eines Traumas. Jedoch kann der erlebte Stress dazu führen, dass manche Verhaltensweisen stärker ausgelebt werden, um damit vermeidliche Unsicherheiten oder Ängste abzupuffern. Ein

---

[7] Sher (2012)
[8] *Roemer* (2023)

konkurrenzbetontes Verhalten kann für Kontrolle und gegebenenfalls für Sicherheit in dem entsprechenden Bereich sorgen.

➢ Die meisten Feinfühligen lehnen Konkurrenz und Wettstreit ab. Dies ist schon bei Kindern zu beobachten, die keine Wettkampfspiele mögen oder sich dem Druck der Konkurrenz zu entziehen versuchen. Daher ist die Verstärkung des unbeliebten Verhaltens eher selten und somit kein typisches Indiz für eine Hochsensibilität.

➢ Bist du jemand, die oder der Wettkampf mag? Macht dir der Druck nichts aus, beziehungsweise belebt er dich? Dann könnte dies ein Hinweis auf deine Normalsensibilität sein. Ausnahme: du bist hochsensibel und zugleich extrovertiert veranlagt.[9] In diesem Fall sind die Merkmale wieder etwas anders zu deuten.

4. Aggressivität

➢ Übermassige Aggressivität kann der Versuch sein, sich gegen die, in einer Traumatisierung erfahrenen Übergriffe zu wehren, beziehungsweise sie ist Ausdruck des erfahrenen Schmerzes. Wurde die alte Wunde bislang noch nicht geheilt, kann diese Wut auch im Erwachsenenalter im sogenannten angetriggerten, also im erneut aktiviertem Zustand der Verletzung immer wieder auftreten.

➢ Im Kontext der Sensibilitätsfrage zeigen laut Aron[10] Normalsensible eine geringere Hemmschwelle bei Aggression und Gewalt, wie sich dies

---

[9] Roemer (2021)
[10] Aron (2010)

auch in der größeren Offenheit für Egoshooter-Spiele, entsprechende Sportarten oder Actionfilme zeigt.

➢ Hochsensible Erwachsene, und auch schon Kinder, lehnen fast durchweg Gewalt ab, da sie konträr zum stark ausgeprägten Harmoniebedürfnis und der Empathie steht.

➢ Wie stehst du zu Aggressivität oder Gewalt? Ist sie für dich Ausdruck einer Lebendigkeit oder eines Lösungswegs? Oder lehnst du sie ab? Beachte, dass natürlich auch etliche normalsensible Menschen Gewalt durchaus ablehnen. Somit gilt es, auch dieses Merkmal achtsam in Kombination mit anderen Merkmalen zu betrachten.

5. Starke Ich-Bezogenheit

➢ Stark traumatisierte Menschen führen ein Gespräch häufig immer wieder zu sich selbst und den eigenen Belangen zurück (ich will gesehen werden in meinem Schmerz). Ihnen fällt es schwer, die eigene Bedürftigkeit zugunsten eines kooperativen Gesprächs oder der Bedürfnisse des Gesprächspartners vorübergehend zurückzustellen. Dies konnte ich im Laufe der Jahre punktuell bei manchen Besucherinnen und Besuchern der Offenen Berliner HSP-Treffen beobachten. Der Unterschied zwischen anderen, ebenfalls psychisch belasteten Hochsensiblen und ihnen war offensichtlich.

➢ Hochsensible können häufig, selbst *mit* einer Traumatisierung, das Gespräch im Sinne des gemeinsamen Austauschs führen[11]. Die Intensität einer Ich-Bezogenheit steht, nach meiner Erfahrung, jedoch im Verhältnis zur Intensität des erfahrenen Traumas.

➤ Wurde dir schon einmal gesagt, dass du in Gesprächen egoistisch seist? Oder hast du eine Ich-Bezogenheit bei dir selbst bemerkt? Da wir solche Dinge immer viel eher bei anderen bemerken, als bei uns selbst, frage doch deine Freunde, Partner oder Partnerin. Wenn es authentische Menschen sind, können sie dich gut spiegeln und du erfährst mehr über dich.

6. Stärkere Reaktion auf Kritik

➤ Viele hochsensible Menschen fühlen sich von Kritik schnell angegriffen oder verletzt. Sich mit ihr förderlich auseinanderzusetzen fällt vor allem dann schwer, wenn das Selbstwertgefühl durch seelische Verletzungen instabil ist. Daher steht eine eingeschränkte Kritikfähigkeit bei einem hochsensiblen Menschen meist auch mit traumatischen Erfahrungen im Zusammenhang.

➤ Eine weitere Ursache kann die fehlende Vermittlung eines konstruktiven Konfliktverhaltens sein. Der Umstand, dass es in diesem Fall in der Familie oder dem sozialen Kontext des Kindes keine positive Konfliktkultur gab, kann ein Hinweis auf dahinterliegende psychische Konflikte sein. Diese nimmt das Kind in seiner Entwicklung ebenfalls auf und verinnerlicht sie.

---

[11] Aron (2010)

➢ Somit steht das Merkmal einer geringen Kritikfä-
higkeit in der Regel mit einer Traumatisierung in
Verbindung und tritt in beiden hier beleuchteten
Gruppen auf.

➢ Sowohl ein feinfühliger als auch ein normalsensibler Mensch, der eine liebevolle und stärkende
Kindheit erfahren hat und einen stabilen Selbstwert zeigt, wird in der Lage sein, auf Kritik konstruktiv zu reagieren.

➢ Wie fühlst du dich, wenn du kritisiert wirst? Kannst
du darauf eingehen oder fühlst du dich unsicher,
verspannt oder ängstlich? Auch in diesem Punkt
gilt es wieder, mehrere Merkmale gegenüberzu-
stellen, um einen besseren Gesamteindruck be-
züglich der Frage zu gewinnen: Bin ich wirklich
hochsensibel?

7. Narzissmus

➢ Narzissmus ist das in der Traumatisierung entwi-
ckelte Lösungskonzept, den anderen zu entwer-
ten, um die eigene – nicht erfahrene – Wertigkeit
zu erhöhen.

➢ Hochsensible agieren jedoch lieber auf Augenhöhe. Dies resultiert aus dem ausgeprägten Harmoniebedürfnis und dem Gerechtigkeitssinn.

➢ Allerdings nimmt ein traumatisierter feinfühliger
Mensch durchaus den Gegenpart zum Narzissten
– den sogenannten Co-Narzissten – ein. Hier entwickelt sich meist eine über-empathische, erdul-
dende Struktur. Der ebenfalls angeschlagene
Selbstwert wird durch den vermeintlich tollen Partner oder Partnerin aufgewertet. Ist der verletzte

Selbstwert jedoch geheilt, steht der Hochsensible dem Narzissten nicht mehr zur Verfügung.

➢ Spielt das Thema Narzissmus in deinem Leben eine Rolle? Wenn ja, siehst du dich eher auf der Seite des Narzissten oder des Co-Narzissten? Auch diese Unterscheidung kann dir unter Umständen einen Hinweis auf deine mögliche Veranlagung geben.

➢ Da Narzissmus ein sehr diffiziles und subtiles Schutzmuster ist, empfehle ich, sich für dessen Lösung professionelle Unterstützung zu nehmen. Die narzisstische Struktur ist sehr (selbst)-destruktiv und somit kann die Auseinandersetzung damit recht anspruchsvoll und herausfordernd sein.

8. Ängstlichkeit

➢ Verletzende Erlebnisse und Erfahrungen können verschiede Ängste erzeugen. Lernt das Kind nicht, sich gegen Anschuldigungen zu wehren, entwickelt es Ängste vor entsprechenden Menschen und Situationen. Lernt der Erwachsene nicht, sich der Komplexität sozialen Kontakts zu stellen, entwickelt er Ängste davor.

➢ Dieses Merkmal kann in beiden Gruppen auftreten, sobald eine Traumatisierung vorliegt.

➢ Hochsensible Menschen neigen jedoch durch die unter Umständen sehr frühen verletzenden Erfahrungen schneller zu Ängstlichkeit. Dies führt dann zu einer Unsicherheit im Selbstempfinden (Selbstwert) sowie im Handeln. Wo der Mensch seinem Bedürfnis nach authentischem Ausdruck nicht folgen konnte, können Ängste entstehen.

➢ Auch neigen Hochsensible dazu, ihre Komfortzone möglichst selten zu verlassen. Dies resultiert aus als überfordernd und unpassend erlebten Situationen, die das Gefühl einer Unfähigkeit hinterlassen. Dies wiederum löst Ängste aus und die Komfortzone wird als sicherer Hafen empfunden.[12] Mich fragte einmal eine Dame für ein Coaching an. Es war Winter und sie musste mit dem Auto eine gewisse Strecke zu meiner Praxis zurücklegen. Wir verhandelten etwa fünfzehn, zwanzig Minuten, um die beste zeitliche Möglichkeit zu finden, bei der sie die Strecke hätte ohne Ängste bewältigen können. Letztlich fanden wir bedauerlicherweise keine Lösung, da sie sich bei allen Optionen auf Ängste berief, und so konnte das Coaching nicht stattfinden.

➢ Hast du mit Ängsten zu tun? Weißt du bereits, wodurch sie entstanden sind? Oder neigst du dazu, deine Komfortzone selten zu verlassen? Folge der Spur deiner Ängste. Auf diese Weise kannst du mehr über mögliche traumatische Auslöser und deine Normal- oder Hochsensibilität erfahren.

9. Geringes Selbstbewusstsein

➢ Das Vorliegen einer Hochsensibilität führt – wie bereits erwähnt - an sich nicht zwangsläufig zu einem geringen Selbstbewusstsein. Auch hier sind es wieder die verletzenden Erfahrungen, die das Kind, der Jugendliche oder Erwachsene gemacht hat. Daher, und dies ist leider aufgrund unserer gesellschaftlichen Strukturen nicht selten, ist auch

---

[12] Roemer (2017)

bei Hochsensiblen oftmals ein geringes Selbstbewusstsein zu beobachten.

➢ Beim Vorliegen dieser Disposition entsteht durch
die wiederholte Erfahrung, nicht mit den eigenen
und typischen Gaben und Bedürfnissen gesehen
zu werden, eine Minderung des Selbstbewusstseins. Dies kann in der Familie, Kita oder Schule
entstehen.

➢ Auch normalsensible Menschen reagieren auf an-
haltende seelische Belastungen mit einer Einbuße
ihres Selbstbewusstseins. Daher tritt dieses
Merkmal häufig bei beiden Gruppen auf und stellt
keinen guten Indikator zum Erkennen einer Hochsensibilität dar.

➢ Möchtest du dennoch herausfinden, ob hinter
(d)einem geringen Selbstwert eine Hochsensibilität
schlummert, schau dir die unbelasteten, positiven
und vor allem typischen Merkmale der Hochsensibilität an.[13]

10. Schnelle Überreizung

➢ Die leichte Übererregbarkeit und Reizempfindlichkeit bei Hochsensiblen ist ein bekanntes und weit
verbreitetes Merkmal der Disposition. Es entsteht,
wenn das reizoffene System durch zu viele Informationen überlastet wird. Da es ein empfängliches,
offenes System ist, nimmt es per se viel auf. In unserer reizvollen Kultur stößt es dann, häufig auch
unbemerkt und unbewusst, an seine Grenzen und
wird darüber hinaus strapaziert. Die Folge ist eine
sensorische Überreizung, schnelle Gereiztheit und

---

[13] Parlow (2003)

Erschöpfung. Ich spreche, wenn dieser Zustand längere Zeit anhält und nicht beendet werden kann, vom Entstehen eines *sensorischen Traumas,* wie ich es bereits eingangs erläutert habe.

➢ Eine Reizempfindsamkeit und Überreizung kann jedoch auch durch traumatisierende Erfahrungen entstehen. Da eine seelische Verletzung und die daraufhin entwickelten Schutzmuster sehr viel innere Energie verbrauchen, kommt es zu Dauerstress. Durch diesen anhaltenden Energieverlust entwickelt der Organismus eine latente sowie akute Übererregung. Die Nerven liegen quasi blank. Die Belastbarkeit reduziert sich sukzessive und der Mensch reagiert zunehmend früher und stärker auf störende sensorische Faktoren. In diesem Zuge kommt es dann auch zu der erhöhten Reizempfindsamkeit, die sich auch bei Hochsensiblen zeigt.

➢ Anhand der schnellen Überreizung oder der Empfindsamkeit manchen sensorischen Informationen gegenüber, lässt sich also nicht eindeutig ein Unterschied zwischen Traumatisierung und Hochsensibilität erkennen. Auch hier ist die Berücksichtigung weiterer Merkmale notwendig.

11. Depression, depressive Phasen

➢ Eine Depression ist eine klassische Reaktion auf seelische Verletzungen und häufig Teil einer Traumatisierung. Manche nennen eine Depression auch die Traurigkeit, dass das Leben nicht in der gewünschten oder erforderlichen Weise verläuft.

➢ Daher kann eine Depression sowohl bei Normal- als auch Hochsensiblen auftreten.

➤ Die Tatsache einer Hochsensibilität führt nur dann zu einer Depression, wenn seelische Verletzungen erfahren und nicht verarbeitet wurden.

➤ Solltest du mit Depression oder depressiven Verstimmungen zu tun haben, ist professionelle Unterstützung empfehlenswert. Vermutest du bei dir zudem auch eine Hochsensibilität, suche dir jemanden, der oder die sich zusätzlich mit diesem Themenfeld auskennt. Mehr dazu findest du im Kapitel *Unterstützung – aber welche?*

12. Verhaltenheit, Schüchternheit

➤ Damit ist die Haltung gemeint, nicht gleich freudig und offen auf eine Situation zuzugehen, sondern zuerst innezuhalten, zu beobachten – das kann auch durchaus etwas länger dauern – und erst dann sich einzubringen oder beteiligen.

➤ Bereits in ihrem ersten Buch stellte E. Aron dieses Merkmal als typisch für introvertierte Hochsensible vor.[14] Es dient der Erfassung der aktuellen Situation, ihrer komplexen Komponenten, wie Stimmung, Anwesende, Geruch, Licht etc. Daraus gewinnt der hochsensible Organismus einen Gesamteindruck, auf den er sich dann optimal einstellt. Dies ist für die bestmögliche Gestaltung der weiteren Situation vonnöten.

➤ Für den normalsensiblen Organismus ist dies nicht in diesem Umfang nötig. Er hat nicht so viele Komponenten zu verarbeiten und benötigt im Vorfeld auch nicht so viel Zeit, diese aufzunehmen.

---

[14] Aron (2005)

➤ Ist ein normalsensibler Mensch jedoch traumatisiert, kann es ebenfalls zu diesem zögerlichen und scheuen Verhalten kommen. Grund dafür sind hier die erlebten Verletzungen, die nicht wiederholt werden wollen. Als Schutz hält auch der Normalsensible inne und „checkt die Lage".

➤ Sollte ein hochsensibler Mensch traumatisiert sein, wird sich dieses Merkmal höchstwahrscheinlich verstärken und die Gestaltung sozialer Situationen stark beeinträchtigen.

➤ Wie betrittst du neue Situationen? Kennst du es von dir, erst innezuhalten, bevor du dazukommst? Oder hast du Angst davor, weil dich vielleicht jemand blöd finden könnte? Oder kennst du diese Schwierigkeit gar nicht und gehst gerne zügig und forsch in Neues hinein? Dann gehörst du vielleicht zu den Normalsensiblen, die eben solche Lebensmomente entspannter und leichter gestalten können.

13. Leistungsabbau

➤ Wer seelisch belastet ist, zeigt oftmals einen Leistungsrückgang. Diese Minderung entsteht aus zwei Gründen: A) ein Trauma absorbiert unendlich viel Energie, denn das System muss ständig für seine Funktionalität sorgen (Alltag bewältigen) und zugleich den unbewältigten Schmerz unterdrücken. B) Ein Trauma löst Dauerstress aus (Hormon Kortisol), der sich wiederum lähmend auf das Frontalhirn legt. Somit ist die Leistungsfähigkeit dieses Gehirnbereichs geschmälert. Dies betrifft beispielsweise die Aufmerksamkeit, Gedächtnis, Motivation sowie die soziale Kompetenz.

➢ Eine rege Innenwelt und ausgeprägte Intelligenz sind klassische Merkmale der Hochsensibilität. Auch hier können diese Aspekte durch eine Traumatisierung beeinträchtigt und gemindert sein. Jedoch blitzt nach meiner Erfahrung immer wieder etwas von diesen Fähigkeiten durch den Nebel einer seelischen Belastung, ähnlich wie Lichtpunkte durch einen löchrigen Stoff hindurchscheinen. Solche „Leistungsblitze" treten bei Normalsensiblen nicht oder nicht in der Qualität auf. Ein klassischer Satz von Lehrern, der dieses Phänomen verdeutlicht, lautet: „Wenn sie oder er nur wollte, dann könnte sie oder er!" Hier spürt oder sieht die Lehrkraft ein Potenzial, das verdeckt ist, aber durch die Löcher des Vorhangs schimmert.

➢ Kennst du diese Leistungsblitze, obwohl du dich vielleicht für unbegabt oder gar dumm hältst? Dann könnten dies Hinweise für eine verdeckte Veranlagung sein. Auf welchem Gebiet diese „Blitze" erscheinen kann übrigens von Mensch zu Mensch ganz unterschiedlich sein und sie treten keinesfalls nur im kognitiven Bereich auf. Solltest du keine solche Blitze von dir kennen, mache dir bitte keine Sorgen und lese gerne dazu das Kapitel *Sollte ich hochsensibel sein?*

14. Geringe Empathie

➢ Das Mitgefühl, die Empathie leidet stets unter einer Traumatisierung. Da das System des verletzten Menschen sehr viel Energie aufbringen muss, um die Verletzungen im Zaum zu halten, verringern sich die Ressourcen für die Anteilnahme am anderen.

➢ Je stärker ein Trauma ausgeprägt ist, umso weniger zeigt sich die Empathie.

➢ Allerdings ist die Empathie eines der starken Merkmale in der Hochsensibilität. Daher wird dieser Aspekt auch in Kombination mit einer seelischen Verletzung bei Feinfühligen noch sichtbar sein. Möglicherweise ist er jedoch nicht durchgängig präsent. Schlechte Tage oder akut angetriggerte Situationen können die Empathie auch bei Hochsensiblen scheinbar verschwinden lassen.

➢ Bemerkst du bei dir eine ausgeprägte Empathie? Dann trägst du möglicherweise eine Hochsensibilität in dir. Oder würdest du gerne mitfühlender sein, weißt aber nicht wie du es werden kannst? Hierfür gibt es eine gute Nachricht: Auch Empathie ist erlernbar. Die klassischen Wege sind zum Beispiel Meditation oder Achtsamkeitsübungen. Der erste und wichtigste Schritt hierbei ist allerdings die Selbstliebe, denn so wie du dich annimmst, so kannst du auch auf andere Menschen und Lebewesen eingehen.

15. Ästhetisches Empfinden

➢ Ein weiteres zentrales Merkmal der Hochsensibilität ist das ästhetische Empfinden. Damit ist u.a. die intensive Wahrnehmung von Schönheit, Harmonie und Perfektion in allen Dingen und Situationen gemeint. Dies kann sich im Tiefgang im Betrachtens eines Bildes oder Filmes zeigen, oder im ausgeprägten Gespür für Farbnuancen oder Proportionen.

➢ Bei normalsensiblen Menschen ist diese ästhetische Wahrnehmung nicht so intensiv ausgebildet.

Dies ist kein Defizit, sondern ein veranlagungsbedingter Unterschied. Legt sich zudem auch noch eine Traumatisierung aufs Gemüt, wird das ästhetische Empfinden zusätzlich noch überlagert.

➢ Feinsinnige Menschen behalten jedoch ihr Gespür für Ästhetik, auch wenn sie traumatisiert sind. Hier sei noch angemerkt, dass das ästhetische Empfinden von Mensch zu Mensch variiert und nicht alle Hochsensible in allen Bereichen gleichermaßen empfänglich sind.

➢ Eine kleine Anekdote hierzu aus meinem Berufsleben: Da ich viel schreibe und online arbeite, nutze ich täglich meinen Laptop. Ich arbeite wirklich gerne daran (bin ein Technik-Freak), auch weil die Tastatur leise und leichtgängig ist. Ich kann sozusagen leichtfingrig über alle Tasten und das Trackpad gleiten. Das Material ist glatt und fühlt sich für mich einladend an, die Haptik des Geräts ist mir einfach angenehm. Für eine Arbeitsstelle bekam ich einen Laptop einer anderen Marke zur Verfügung gestellt. Hier gingen die Tasten schwergängig und klapperten laut. Das Gehäuse war rau, aus Plastik und die Berührungen fand ich unangenehm. Das Gerät war nicht etwa alt. An beiden kann man arbeiten, aber am zweiten Laptop konnte ich mich einfach nicht wohlfühlen. Meine Motivation und Kreativität litten tatsächlich deutlich.

➢ Wie zeigt sich dein Wunsch nach ästhetischen Dingen oder Situationen? Bemerkst du diesen Wunsch? Oder ist er nicht stark ausgeprägt und es ist völlig in Ordnung, wenn die Dinge auch mal unperfekt und „schief" sind? Auch dies können Hinweise für oder gegen eine im Hintergrund vorliegende Hochsensibilität sein.

16. Ausgeprägter Gerechtigkeitssinn

➢ Der ausgeprägte Gerechtigkeitssinn ist ein sehr stabiles Merkmal der Hochsensibilität. Er steht mit dem Harmoniebedürfnis in engem Kontakt. Auch bei der Gerechtigkeit geht es um Stimmigkeit und Ausgewogenheit. Eine ungerecht gehandhabte Situation hinterlässt stets ein Gefühl der Disharmonie.

➢ Feinfühlige Menschen reagieren – mit und ohne Traumatisierung – mitunter sehr engagiert auf ungerechtes Verhalten.

➢ Normalsensible zeigen im Gegenzug ein weniger vehementes Engagement. Sie haben durchaus auch ein Gerechtigkeitsempfinden, leiden aber nicht so intensiv unter ungerechten Entscheidungen wie Hochsensible.

➢ Kennst du es von dir, bei ungerechten Entscheidungen eigentlich unbedingt einschreiten zu müssen? Oder sagst du dir, dass es dich nichts anginge und es wird schon richtig sein oder sich irgendwie anders lösen? Gerade dieses Merkmal kann sich trotz eines Traumas deutlich abzeichnen, vorzugsweise bei Kindern, da sie sich noch nicht so sehr beziehungsweise so lange an soziale Normen (da hast du dich nicht einzumischen) angepasst haben wie Erwachsene.

17. Ungewöhnliche Kreativität

➢ Die Hochsensibilität ist ein hochkomplexes Verarbeitungssystem, das durch eine Traumatisierung seine Grundstruktur nicht ändert. Es wird also immer versuchen, dieses komplexe und somit auch kreative Wesen auszuleben.

➢ Bei traumatisierten Hochsensiblen kann diese Struktur mehr oder weniger stark verdeckt sein, schimmert aber punktuell immer wieder durch wie die Lichtpunkte durch den löchrigen Stoff. Das Gebiet, in dem sich die Kreativität zeigt, ist von Mensch zu Mensch ganz unterschiedlich. Gerne zeigt sie sich auch in nicht-klassischen Bereichen oder Aktivitäten.

➢ Bei den meisten traumatisierten Menschen leidet der kreative Ausdruck deutlich. Bei Normalsensiblen verringert sich das kreative Potenzial unter einer Belastung ebenfalls, aber es zeigen sich parallel nicht immer wieder solche „Kreativitätsblitze".

➢ Solltest du den Eindruck haben, nicht außerordentlich kreativ zu sein, kann dies der Hinweis auf eine Normalsensibilität sein. Ich verweise hier nochmals auf den Umstand, dass das Vorliegen einer Hochsensibilität nicht unbedingt ein erstrebenswertes Ziel sein muss. Diese Veranlagung birgt zwar etliche „Vorteile", aber sie bedeutet für die Träger auch eine große tägliche Herausforderung und Verantwortung.

18. Medialität

➢ Medialität bedeutet, feinere Schwingungsebenen bewusst oder unbewusst wahrnehmen zu können. Eine Fledermaus erzeugt zum Beispiel Töne im akustischen höheren und somit feineren Frequenzbereich, die wir Menschen für gewöhnlich nicht hören können. Derzeit ist es aus meiner Sicht so, dass nicht alle Menschen gleichermaßen feinschwingend strukturiert sind. Das heißt, manche können solche Informationen wahrnehmen, manche nicht.

➢ Medialität führt in unserer Bevölkerung noch ein Schattendasein. Daher werden die entsprechenden Wahrnehmungen und Gaben bereits bei den Kindern häufig nicht erkannt oder ernst genommen. Hochsensibilität steht jedoch im engen Kontakt mit dieser Fähigkeit, und so sind mediale Gaben ein Hinweis auf diese Disposition. Ist der feinsinnige Mensch dann erwachsen, sind die zarten Wahrnehmungskanäle leider oftmals verschlossen und das Wissen darüber verschüttet.

➢ Zeigt sich bei dir keine Medialität (auch nicht als Kind), kann dies Verschiedenes bedeuten: A) du bist nicht mit einer Hochsensibilität ausgestattet oder B) deine psychische Belastung überlagert womöglich deine medialen Gaben oder C) deine Medialität wurde dir als Kind aberkannt und sie hat sich in die Gefilden des Unbewussten zurückgezogen oder D) Medialität ist nicht eine deiner Gaben.

19. Intensität und Dynamik im Ausdruck

➢ Hochsensible, ähnlich wie Hochbegabte, zeigen eine hohe Dynamik oder Intensität in ihrem Ausdruck. Dies kann verbal oder im Handeln sichtbar werden. Diese Dynamik verändert sich auch durch eine seelische Belastung nicht wesentlich, da sie ein konstitutioneller Bestandteil der Veranlagung ist.

➢ Durchaus häufiger kommt es vor, dass Hochsensible diese Dynamik „verstecken", weil sie ihnen unangemessen ihrem Umfeld gegenüber erscheint oder sie den Eindruck von sich selbst haben, sie seien verkehrt. Mir wurde früher beispielsweise gesagt, ich sei zu schnell. Ich bremste mich, da ich dachte, zu schnell zu sein ist verkehrt. Seit ich weiß, dass ich hochsensibel bin, bin ich ohne Scheu zuweilen auch mal schnell.

➢ Bei traumatisierten Hochsensiblen ist diese Dynamik auch an den Aussagen zu erkennen, sie fühlten sich unterfordert oder gelangweilt.

➢ Bei Normalsensiblen zeigt sich diese Intensität nicht. Hier werden Handlungen in ihrer Dynamik wesentlich moderater umgesetzt.

➢ Haben dir Menschen schon mal gesagt, du wärest zu intensiv? Zu schnell? Zu kompliziert? Wenn ja, bist du möglicherweise mit einer Hochsensibilität ausgestattet.

20. Verträglichkeit von Medikamenten, Kaffee etc.

➢ Hochsensible haben durch ihre neuronale Empfindsamkeit auch ein feinfühliges Körpersystem, das schnell und intensiv auf unangenehme oder zu starke Reize reagiert. Handelsübliche Dosierungen pharmazeutischer Produkte sind oftmals für dieses fein schwingende System zu stark, selbst wenn es sich dabei um eine Mindestdosierung handelt. Sie reagieren daher häufig sehr sensibel auf Medikamente, Kaffee oder andere starke Inhaltsstoffe. Daher ist das Vorliegen dieses Merkmals ein recht gutes Indiz für eine Feinfühligkeit.

➢ Der normalsensible Körper hingegen reagiert nicht so empfindsam. Ein Übermaß an etwas belastet ihn natürlich auch irgendwann – aber später oder nicht so intensiv.

➤ Solltest du also keine Probleme mit Medikamenten, Kaffee, Drogen oder anderen, den Organismus beeinträchtigenden Stoffen haben, könnte dies ein Hinweis auf eine Normalsensibilität sein.

➤ Allerdings gibt es auch körperlich relativ robuste hochsensible Naturen. Ihre empfindsamen Schwerpunkte liegen dann in anderen Bereichen. Diese Gruppe scheint jedoch ein kleiner Teil der Feinfühligen zu sein.

Gibt es eine Hochsensibilität ohne Trauma?

Ja, selbstverständlich gibt sie. Allerdings scheint der Anteil unbelasteter Hochsensibler deutlich geringer zu sein als jener der verletzten und traumatisierten Feinfühligen. Dies bestätigt schon Aron mit der Feststellung, dass mindestens 50 Prozent der Feinfühligen psychologische Hilfe suchen, bei Normalsensiblen seien es jedoch nur etwa 20 Prozent (USA).[15] Erwähnenswert hierbei ist jedoch, dass der große Prozentsatz der Hochsensiblen in therapeutischer Behandlung nicht ausschließlich dem Umstand einer Traumatisierung zu schulden ist, sondern dass Hochsensible generell reflexionsbereiter sind und somit frühzeitiger oder engagierter eine Therapie nutzen.

Es ist in der Literatur bereits viel darüber geschrieben worden, welche Lebensbedingungen zu den Belastungen bei Hochsensiblen führen. Daher möchte ich hier nun einen kleinen Ausblick geben, wie ein Mensch mit einer *unbelasteten* Feinfühligkeit im Leben stehen könnte. Ich werde dies anhand folgender Merkmale kurz skizzieren:

- Wahrnehmung
- Kreativität
- Empathie
- Komplexes Denken und Handeln
- Medialität

✓ Wahrnehmung: Eine der häufigsten Herausforderungen für Hochsensible ist, dass ihnen ihre Wahr-

---

[15] Aron (2010)

nehmung – in Teilen – abgesprochen wird. Unterbleibt dies, könnte er unvoreingenommen alles wahrnehmen, was die Sinne zu erfassen vermögen. Ich wage einmal zu behaupten, dass wir Menschen derzeit gar nicht wissen, was wir alles wahrnehmen könnten, wenn nicht immer die Einschränkungen von Verboten oder negativen Glaubenssätzen dies verhindern. Bei Menschen, die ihrer Wahrnehmung weitestgehend ungehindert folgen, können wir erkennen, wie umfassend und auch unglaublich weit die menschliche Wahrnehmungsfähigkeit ist, wie beispielsweise Aura lesen, Elektroschwingungen spüren, Telepathie und vieles mehr. Künstler oder Visionäre sind zuweilen solche Menschen.

Wenn wir tatsächlich der Wahrnehmung Tür und Tor öffnen würden, hätten wir hier auf Erden sicherlich ein komplett anderes Leben. Glücklicherweise ist bei den meisten Feinfühligen die Tür schon etwas weiter geöffnet, wodurch eben jene „sonderbaren" Wahrnehmungen möglich sind.

✓ Kreativität: Wird ihr von Anbeginn freien Lauf gegeben, kann sie sich in alle Richtungen, die im betreffenden Menschen so quasi „freigeschaltet" sind (Talent, Gabe), entfalten. Dies übt einerseits die Fertigkeiten, um die entsprechenden Handlungen auszuführen. Zum anderen gibt es dem Kind (auch hier beginnt wieder alles in der Kindheit) Zutrauen zu sich selbst und damit Selbstsicherheit. Somit steigt die Selbstsicherheit, wie auch die Zufriedenheit mit sich selbst, die Möglichkeit, sich konstruktiv dem Leben zu stellen und die Wahrscheinlichkeit, den eigenen Lebensplan zu erkennen und umzusetzen.

Eine Klientin sagte mir im Gespräch: „Ich kann alles. Und was ich noch nicht kann, lerne ich eben. Ich war auf einer dänischen Schule! Da habe ich diese Haltung gelernt."

Ein Kind aus unserem Familienkreis kam in die erste Klasse; alle Kinder mussten in der ersten Schulwoche nach der Erledigung ihrer Aufgabe mit verschränkten Armen auf dem Tisch und geraden Rücken „wie eine Eins" warten, bis alle anderen Schüler fertig waren. Knie unterm Tisch zusammengedrückt, Stift in einer bestimmten Haltung in die Luft halten, bis es schreiben durfte und bei der Anmerkung, die Aufgaben seien zu leicht, warten, bis es dann noch schwieriger werde.

Derartige Methoden sind ein Garant für die Unterdrückung jeglicher kreativen Bedürfnisse und sorgt zusätzlich für die Blockierung einer möglichen Veranlagung. Glücklicherweise gibt es inzwischen viele andere Schulkonzepte und Lehrkräfte, die sich mehr und mehr kindgerechten und damit auch kreativen Lehrmethoden zuwenden.

✓ Empathie: Die Gabe, die Schwingungen und Stimmungen anderer Menschen wahrzunehmen und passend darauf einzugehen, ist ein Zeichen von Empathie. In der Regel erlernen Kinder das in einer sozial geprägten Umgebung. Hochsensible bringen auf diesem Gebiet bereits eine erhöhte Sensibilität und Achtsamkeit mit. Darf diese sich zeigen, ohne beschnitten oder zensiert zu werden, kann das Kind mit einer inneren Sicherheit seinen Wahrnehmungen anderen Menschen gegenüber vertrauen. Zusätzlich gewinnt es Sicherheit in seiner Selbstwahrnehmung: Was sagt mein Körper? Was drückt dieses Gefühl aus und wie kann oder möchte ich darauf eingehen. Mangelnder Selbstwert oder gar Trauma würden hier nicht entstehen und der Mensch entwickelt sich mit einem authentischen Ich zu dem, was er in sich trägt.

✓ Komplexes Denken und Handeln: Das menschliche System ist in der Hochsensibilität auf Komplexität geschaltet. Das ist weder ein Versehen noch eine Extrawurst des Einzelnen. Vielmehr ist es der Notwendigkeit geschuldet, dass sich jede Gruppe, unabhängig von ihrer Größe, Herausforderungen gegenüber sieht, die das Maß der üblichen Norm überschreiten, aber dennoch gelöst werden wollen.

In meinem ersten Buch[16] berichtete eine Hochsensible, die im kreativen Katalogwesen arbeitete, dass sie immer wieder damit aneckte, dass sie ineffektive Strukturen und Abläufe aufzeigte und Änderungen vorschlug. Dies war allerdings unerwünscht. Erfährt ein feinfühliger Mensch keine solchen Einschränkungen, kann sich nicht nur das eigene Potenzial voll entfalten. Es trägt zusätzlich zu der Verbesserung der Lebensumstände aller bei, was letztlich auch Aufgabe hochsensibler Menschen ist.

✓ Medialität: Im wissenschaftlichen Kontext spielte Medialität, also die Wahrnehmung und der Umgang mit feinstofflichen Informationen, früher keine Rolle. Sie wurde ausgeklammert. Seit einigen Jahren än-

---

[16] Roemer (2012)

dert sich dies nun in zunehmendem Tempo. Somit können Feinfühlige ihre feinstofflichen Gaben mehr und mehr auch in der Öffentlichkeit zeigen. Kinder sind hier noch viel unbefangener und spielen mit ihren Freunden von „der anderen Seite", sehen im Wald die Gnome und Elfen oder haben Kontakt zur verstorbenen Oma oder dem Haustier. Kann ein erwachsener Hochsensibler nach wie vor auf diese Fähigkeit zugreifen, wird sich auch in diesem Fall das Leben leichter, erfüllter und freier gestalten. Denn durch die Abspaltung der Medialität und Spiritualität sind uns Menschen viele wichtige Ressourcen verloren gegangen, die wir nun wieder integrieren werden.

Du siehst, ganz gleich, um welches Merkmal es sich handelt, die positive Gestaltung der Anlagen führt immer zu mehr Zufriedenheit, Ausdruck und bringt dich deiner Lebensaufgabe immer näher. Schließlich bist du ja nicht ohne Grund auf Mutter Erde „gelandet".

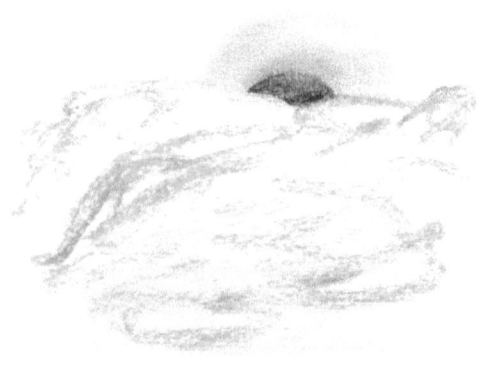

Kann ich Hochsensibilität auch erwerben?

Die große Diskussion im Kreise der hochsensiblen Experten und anderer pädagogischen und psychologischen Fachkräften lautet: Kann eine Hochsensibilität erworben werden oder ist sie gar generell eine, durch Traumatisierung erlangte Feinfühligkeit? Die Meinungen dazu sind gespalten. Um ein klares Ja oder Nein zu erhalten, sollte der Sachverhalt etwas differenzierter betrachtet werden.

Nach bisherigen wissenschaftlichen Ergebnissen (Aron, Konrad u.a.) ist die Hochsensibilität eine konstitutionelle Veranlagung, wie auch die Haar- oder Augenfarbe und Gesichtsform konstitutionelle Anlagen sind.

> Für gewöhnlich können Veranlagungen nicht „erworben" werden. Sie liegen entweder vor – oder eben auch nicht. Alles andere sind Fähigkeiten oder Fertigkeiten.

So stellt sich mir viel eher die Frage, was oder warum es im Zuge einer Traumatisierung zu solch ähnlichen Merkmalen kommt. Dies habe ich anhand der im Buch erläuterten Merkmale zu verdeutlichen versucht.

Aus meiner Sicht ist es nicht möglich, eine Hochsensibilität zu erwerben. Vielmehr ist es möglich, einige Wahrnehmungs- und Empfindungskanäle dergestalt zu „trainieren", dass sie sich dann in ähnlicher oder gar gleicher Qualität wie die einer Hochsensibilität zeigen. Lerne ich aufgrund einer existenziellen Bedrohung eine ausgeprägte Beobachtungsfähigkeit zu entwickeln, so zeigt sich diese durch mein Training in ihrer Qualität ähnlich oder gleich der, eines hochsensiblen Menschen. Andere Lebensthemen, die *nicht* mit einem Trauma belastet sind, weisen jedoch weder eine erlernte höhere Sensibilität auf, noch typische hochsensible Merkmale.

> Der maßgebliche Unterschied ist: Durch ein Trauma *erlerne* ich die erhöhte Wahrnehmungs- und Verarbeitungskompetenz, in der Hochsensibilität *liegt* sie von Geburt an *vor.*

Die Herausforderung in der Unterscheidung zwischen Trauma und Hochsensibilität ist einerseits die Überlappungen beider Felder in der Präsentation von Bedürfnissen und Verhaltensweisen. Andererseits sind bei keinem Hochsensiblen alle typisch hochsensiblen Merkmale gleichermaßen stark ausgeprägt. So ergibt sich ein sehr heterogenes Bild, das erst durch einen geschulten und achtsamen Blick in die Details den Schleier der Verwirrung ein wenig lüftet.

Ich weise an dieser Stelle darauf hin, dass es mir bei der Beschreibung von unterschiedlichen Qualitätsmerkmalen nicht um einen Werteunterschied geht. Sowohl normalsensible als auch hochsensible Menschen sind gleichermaßen wertvoll und wichtig für jede soziale Gruppe und erfüllen ihre, auf ihre Veranlagungen und Wesenszüge abgestimmten Aufgaben.

Wenn aber doch Wahrnehmungs- und Verarbeitungskompetenzen sowohl per Veranlagung vorliegen als auch durch seelische Verletzungen erlernt werden können, warum ist es dann wichtig, sich mit dem Unterschied zu befassen?

Weil die Grundstruktur bzw. die Dynamik im hochsensiblen Organismus eine andere als im normalsensiblen Organismus ist. Und dies prägt das ganze Leben in sämtlichen Bereichen eines Feinfühligen vom ersten bis zum letzten Tag. Eine durch Trauma erlernte Feinfühligkeit bezieht sich auf die verletzten Bereiche; andere Aspekte des Lebens müssen davon nicht zwingend betroffen sein.

Genau betrachtet kann ich eine Hochsensibilität wohl nicht erlernen. Es bleiben Unterschiede, die sich zum Beispiel in den komplexen Belangen des Lebens zeigen werden.

Nichtsdestotrotz ist auch die erlernte Sensibilität ein sehr wertvoller Schatz. Denn sie befähigt dich ebenso der feineren und tieferen Wahrnehmung in den Bereichen, in denen du sie „trainiert „ hast.

Sollte ich lieber hochsensibel sein?

Du magst aufgrund mancher Merkmale vielleicht den Eindruck gewinnen, es wäre erstrebenswert, hochsensibel zu sein. Dies muss und sollte nicht sein.

Ich betone in meinen Vorträgen und Seminaren immer wieder, dass es bei den Gegenüberstellungen von Normal- und Hochsensibilität nicht um bessere oder schlechtere Menschen geht. Wir sprechen hier von einer sensorischen und strukturellen Veranlagung, die ein Mensch mitbringt, sich also nicht „erarbeitet".

Die Frage, welchen Sinn und Zweck diese neuronalen Unterschiede beinhalten, ist aus meiner Sicht wesentlich zielführender und lassen das Konkurrenzdenken in diesen Überlegungen hinfällig werden.

Für viele feinfühlige Menschen ist ihre Veranlagung eine große Belastung, solange sie noch nicht konstruktiv integriert wurde. Bislang war dieser Integrationsprozess holprig und teils auch schmerzhaft, da die Konfrontation mit einer ausgrenzenden Geschichte alte Wunden aufreißen kann. Langsam wendet sich jedoch das Blatt und in unserer Gesellschaft wird das Bedürfnis nach menschenwürdigen, achtsamen und sensiblen Lebensformen immer stärker. Daher erlangen nun auch typische hochsensible Gaben mehr Beachtung und Respekt, wie beispielsweise Achtsamkeit, Sanftmut, Rücksicht oder Ruhe.

Solltest du in dir den Wunsch verspüren, diese und weitere Merkmale aktiv in dein Leben zu integrieren, so ist das wunderbar und ein Lichtblick für die Welt im

Hinblick auf die heilende Menschheitsfamilie. Es wird ohne Zweifel dein Wesen, deine innere Energie bereichern und deine Schwingung erhöhen – hochsensibel oder nicht. Solltest du nicht von Hause aus hochsensibel veranlagt sein, so können dir die feinfühligen Menschen den Weg in eine achtsamere Welt weisen.

Solltest du hochsensibel sein, so stelle dein Licht nicht unter den Scheffel, sondern zeige deine Gaben und teile deine lichtvollen Energien, sobald du sie wieder Schritt für Schritt von den Lasten einer möglichen Traumatisierung befreit hast.

Unterstützung – aber welche?

Obwohl es in unserem Land nur wenige Menschen gibt, die nicht mit einer Traumatisierung zu kämpfen haben, ist die Suche nach professioneller und vor allem passender Hilfe leider nicht immer einfach. Entweder sind die Therapeuten oder Coachs völlig ausgebucht, passen methodisch nicht zu dir oder es gibt in deinem Wohnort keine.

Eine weitere Herausforderung für Hochsensible auf der Therapeuten- und Coachsuche ist der Wunsch, nein, die Notwendigkeit, Hilfe von Fachkräften zu erhalten, die sich mit den spezifischen Themen einer (unerkannten) Hochsensibilität und gegebenenfalls auch Hochbegabung auskennen. Derer gibt es leider noch zu wenige.

Warum sollte ein Therapeut oder Coach mit diesen Themenfeldern vertraut sein? Warum sollte er oder sie gar selbst hochsensibel sein? Immer wieder bekomme ich zu hören, dass doch ein gut ausgebildeter und empathischer Begleiter einen feinfühligen Menschen genauso gut unterstützen könne. Das müsse er oder sie aufgrund ihrer professionellen Ausbildung umsetzen können.

Leider ist dem nicht so. Warum? Nicht etwa, weil er oder sie keine gute Arbeit machen würde. Nein, sondern weil in der Begleitung von feinfühligen Menschen die unterschiedlichen Kommunikationsformen und die Dynamik einer Normal- beziehungsweise einer Hochsensibilität zum Tragen kommen. Das bedeutet, es ist eine Frage der Schwingung, der Frequenzen.[17] In der Kommunikation von Hochsensiblen werden Zwischentöne – Frequenzen - ausgedrückt, die meist nur andere Feinfühlige spüren und aufgreifen können (Phänomen Fledermaus). Auch gestaltet die bereits angesprochene Dynamik und Intensität eine solche Begleitung in ganz spezifischer Weise. Die Verarbeitung der Themen und Prozesse verläuft tiefgründiger und teils auch schneller. Ist das nicht gewährleistet, fühlt sich ein hochsensibler Patient oder Klient mitunter gelangweilt oder empfindet die Unterstützung als ineffektiv.

Lasse ich jedoch als Ursache einer Problematik eine unerkannte oder unerwünschte Veranlagung in der Behandlung außen vor, erhalte ich unvollständige Diagnosen und die Behandlung wird den Menschen nicht komplett erreichen.

Eine Klientin gab mir einmal einen sehr wertvollen Tipp, warum sie in einem Jobcoaching zu mir wechseln wollte: Der andere Coach, auch hochsensibel, auch sehr nett und versiert auf seinem Gebiet, hatte jedoch die eigene Hochsensibilität nicht aktiv be- und verarbeitet. Dies hatte die Klientin, ihrerseits bereits sehr reflektiert, gespürt und fühlte sich dadurch nicht ausreichend verstanden und unterstützt. Es reicht als Coach oder Therapeut offenbar nicht, nur von der eigenen Veranlagung zu wissen. In der Begleitung anderer Feinfühliger ist der eigene Verarbeitungs- und Integrationsprozess[18] ebenfalls nötig.

---

[17] Roemer (2023)
[18] Roemer (2017)

Es mehren sich derzeit die Coachs, die mit dem Thema der Hochsensibilität arbeiten. Im Bereich der Therapie ist dies leider noch nicht so deutlich zu erkennen, was vermutlich daran liegt, dass Hochsensibilität weder in der Medizin noch in der Psychologie als unterstützungswürdiges Phänomen verstanden wird. Hier beruft sich die etablierte Medizin und Psychologie eher auf alt bekannte Störungsmuster, die traumatisierte Hochsensible ja durchaus zeigen.

Was kannst du tun, wenn du wirklich Begleitung brauchst? Kläre, wofür genau du dir Unterstützung wünschst. Geht es ausschließlich um die Behandlung deiner traumatischen Erfahrungen ohne die Thematisierung (d)einer Hochsensibilität? Dann kann eine klassische Therapie oder ein Coaching hilfreich sein.

Sobald du jedoch merkst, dass (d)eine Veranlagung dein Leben ungünstig beeinflusst hat, ist eine Begleitung von einer hochsensiblen oder hochbegabten Fachkraft aus den vorab genannten Punkten sinnvoll.

Ausblick

Viele Merkmale, viele Details – typisch hochsensibel. Dennoch wünsche ich mir, dass dir dieses Buch einen bereichernden Einblick in die komplexe Welt der Hochsensibilität gegeben hat. Vielleicht bist du auch verwirrter als zuvor. Beides ist in Ordnung! Denn in der Verwirrung wird Altes, vielleicht auch Überflüssiges neu sortiert.

Nimm dir Zeit, das Gelesene zu verdauen. Es mag auch hilfreich sein, all die Hinweise nach einer gewissen Zeit erneut zu lesen, denn durch die innere Verarbeitung weitet sich unser Verständnis für neue Informationen.

Wenn es für dich möglich und wünschenswert ist, suche den Austausch mit Gleichgearteten (nicht zwingend Gleichgesinnten!). Dies ist im Zuge einer konstruktiven Integration (d)einer Veranlagung für die heilende Identität sehr hilfreich.

Solltest du feststellen, dass du möglicherweise doch keine Hochsensibilität in dir trägst, sei unbesorgt. Die Erlösung einer Traumatisierung ist bereits eine große und sehr wertvolle Aufgabe. Es ist viel wichtiger, den eigenen Sinn und Zweck, die eigene Lebensaufgabe auf Planet Erde zu erkennen, als sich einer derzeit aktuellen Kategorisierung zuzuordnen. Dies ist nur dann sinnvoll, wenn du dadurch Erkenntnisse über dich gewinnst und dein Leben stimmiger deinem inneren Wesen entsprechend ausrichten kannst.

Quellen, Link- und Literaturtipps

Aron, E. N. (2010), *Hochsensible Menschen in der Pyscho-therapie* (1. Aufl.), Jungermann

Aron, E.N. (205), *Sind Sie hochsensibel?,* mvg

Brackmann, A. (2008), *Jenseits der Norm – hochbegabt und hoch sensibel?* (5. Aufl.), Klett-Cotta

Böttcher, J. (2018), *Fachbuch Hochsensibilität* (1. Aufl.), fischer & gann

Parlow, G. (2003), *Zart besaitet* (2. Aufl.), Festland

Roemer, C. (2012), *Ich bin wie ich bin* (1. Aufl.), Schibri

Roemer, C. (2017), *Hurra, ich bin hochsensibel! Und nun?* (1. Aufl.), Springer

Roemer, C. (2021), *Abenteuerlustig und hochsensibel* (1. Aufl.), Springer

Roemer, C. (ab 2023), *Hochsensibel? Hochbegabt? Hochfre-quent!,* BoD

Sher, B. (2012) *Du musst dich nicht entscheiden, wenn du tausend Träume hast* (1. Aufl.), dtv

Webb, J.T. (2015) *Doppeldiagnosen und Fehldiagnosen bei Hochbegabung* (1. Aufl.), Huber

Weil, T.; Erfurt-Weil, M. (2021), *Selbstwirksamkeit und Per-formence: ROMPC®-Kompendium* (1. Aufl.), MEW Medienedition Weil e.K

Links

Webseite Cordula Roemer: sensibel-beraten.de

YouTube Kanal C. Roemer: Veranlagung authentisch leben

Webseite Elaine N. Aron: hsperson.com

Webseite Thomas Weil: rompc-institut-kassel.de

IFHS Deutschland : hochsensibel.org

Webseite Zart Besaitet: zartbesaitet.net

Bildernachweis:

Coverbild: ha11ok; pixabay.com
Kater Lollo: Cordula Roemer
Pusteblume: Ofjd125gk87; pixabay.com
Wanderer: Colleen; pixabay.com
Baum: OpenClipart Vectors; pixabay.com
Sonnengang: Cordula Roemer
Neuronaler Weg: Gerd Altmann; pixabay.com
Klippe: Cordula Roemer
Zypressen: C. Roemer

Platz für deine Notizen und Anmerkungen

Geht es dir auch so, dass du beim Lesen diesen oder jenen Gedanken oder Impuls, grad aber kein Papier dabei hast, nicht weißt, wo im Handy du deinen Geistesblitz niederschreiben könntest, um ihn dann auch wiederzufinden oder der Buchrand dafür einfach zu schmal ist?

Dann möge hier ein kleiner Raum dafür sein, denn nichts ist so flüchtig, wie ein guter Gedanke!